The Wolf And The Light of the Stars: Bilingual Italian-English Stories for Italian Language Learners

Pomme Bilingual

Published by Pomme Bilingual, 2024.

While every precaution has been taken in the preparation of this book, the publisher assumes no responsibility for errors or omissions, or for damages resulting from the use of the information contained herein.

THE WOLF AND THE LIGHT OF THE STARS: BILINGUAL ITALIAN-ENGLISH STORIES FOR ITALIAN LANGUAGE LEARNERS

First edition. July 23, 2024.

ISBN: 979-8227588845

Written by Pomme Bilingual.

Table of Contents

La Luce Nascosta

C'era una volta un piccolo villaggio nascosto tra le colline verdi e ondulate di una terra lontana. In questo villaggio, le case erano fatte di legno e le strade erano di ciottoli lucidi, bagnati dalla pioggia che cadeva dolcemente come un abbraccio eterno.

In una delle case più piccole e colorate, abitava un giovane di nome Lupo. Lupo aveva i capelli neri come la notte e gli occhi verdi come le foglie di una foresta incantata. Ogni mattina, Lupo si svegliava presto e si sedeva vicino alla finestra, guardando il mondo che si risvegliava fuori. Amava il silenzio del mattino, quando tutto sembrava più tranquillo e i colori del cielo cambiavano in sfumature di rosa e oro.

Nonostante la bellezza del villaggio, Lupo si sentiva spesso solo. I suoi amici erano tutti occupati con le loro vite e le loro avventure, e lui trovava conforto solo nella compagnia dei suoi pensieri e dei suoi sogni. Passava le giornate a scrivere poesie e a disegnare immagini di mondi lontani, sperando che un giorno qualcuno potesse vedere la bellezza che lui vedeva.

Un giorno, mentre passeggiava lungo il fiume che attraversava il villaggio, Lupo trovò una piccola conchiglia dorata. Era così luminosa che sembrava emanare una luce propria. Lupo la prese con delicatezza e la guardò attentamente. Non riusciva a capire perché una semplice conchiglia potesse essere così speciale, ma sentì che c'era qualcosa di magico in essa.

Portò la conchiglia a casa e la posò sulla sua scrivania. Ogni volta che si sentiva triste o solo, la guardava e sentiva una sorta di calore e conforto. La conchiglia sembrava avere il potere di illuminare i suoi pensieri e di farlo sentire meno solo.

Un giorno, mentre stava disegnando un paesaggio fantastico con il cielo dipinto di mille colori, il vento soffiò forte e la finestra si aprì. La conchiglia dorata rotolò fuori e volò via, portata via dal vento come una piuma. Lupo corse fuori a inseguirla, ma non riuscì a raggiungerla. La conchiglia sparì tra le nuvole e il sole tramontò, lasciando il cielo scuro e silenzioso.

Lupo tornò a casa con il cuore pesante. Sentiva come se avesse perso una parte di sé. Senza la conchiglia, la sua stanza sembrava vuota e i suoi disegni sembravano meno luminosi. Si sedette vicino alla finestra, guardando il cielo notturno, e cominciò a pensare a quanto fosse importante quella piccola conchiglia per lui.

Mentre il tempo passava, Lupo iniziò a notare qualcosa di strano. Ogni mattina, quando il sole sorgeva, c'era una luce dorata che illuminava la sua stanza. Non era la luce del sole, ma una luce calda e avvolgente, simile a quella che aveva visto nella conchiglia. Lupo si rese conto che la luce che provava a sentire dentro di sé era sempre stata lì, e che la conchiglia era stata solo un riflesso di quella luce interiore.

Un giorno, decise di condividere questa scoperta con gli altri abitanti del villaggio. Organizzò una festa nella piazza centrale e invitò tutti a partecipare. Durante la festa, Lupo raccontò la storia della conchiglia e di come avesse imparato a trovare la luce dentro di sé. Gli abitanti del villaggio ascoltarono attentamente e, ispirati dalla sua storia, iniziarono a riflettere sulla propria luce interiore.

Da quel giorno, il villaggio cambiò. Ogni persona, grande e piccola, iniziò a condividere la propria luce con gli altri. I sorrisi diventavano più luminosi, le risate più sincere e la bellezza del villaggio sembrava crescere ogni giorno. Anche Lupo si sentì finalmente a casa, circondato da amici che avevano imparato a vedere la bellezza dentro di loro.

E così, il villaggio divenne un luogo di luce e gioia, dove ogni anima era amata e apprezzata. E Lupo, con il suo cuore finalmente colmo di amore e gratitudine, continuò a scrivere poesie e disegnare mondi lontani, sapendo che la vera magia non si trovava in oggetti speciali, ma nel cuore di ogni persona.

The Hidden Light

Once upon a time, there was a small village nestled among the rolling green hills of a distant land. In this village, the houses were made of wood, and the streets were paved with shiny cobblestones, glistening from the gentle rain that fell softly like an eternal embrace.

In one of the smallest and most colorful houses lived a young man named Wolf. Wolf had hair as black as night and eyes as green as the leaves of an enchanted forest. Every morning, Wolf would wake up early and sit by the window, watching the world wake up outside. He loved the morning silence when everything seemed more peaceful, and the colors of the sky shifted in hues of pink and gold.

Despite the beauty of the village, Wolf often felt lonely. His friends were all busy with their lives and adventures, and he found solace only in the company of his thoughts and dreams. He spent his days writing poetry and drawing pictures of distant worlds, hoping that one day someone would see the beauty he saw.

One day, while strolling along the river that ran through the village, Wolf found a small golden shell. It was so bright that it seemed to emit its own light. Wolf picked it up gently and examined it closely. He couldn't understand why a simple shell could be so special, but he felt that there was something magical about it.

He took the shell home and placed it on his desk. Every time he felt sad or alone, he would look at it and feel a kind of warmth and comfort. The shell seemed to have the power to illuminate his thoughts and make him feel less alone.

One day, while he was drawing a fantastic landscape with a sky painted in a thousand colors, the wind blew strongly and the window opened. The golden shell rolled out and flew away, carried off by the wind like a feather. Wolf ran outside to chase it but couldn't catch it. The shell disappeared among the clouds, and the sun set, leaving the sky dark and silent.

Wolf returned home with a heavy heart. He felt as if he had lost a part of himself. Without the shell, his room seemed empty, and his drawings seemed less vibrant. He sat by the window, gazing at the night sky, and began to think about how important that small shell had been to him.

As time passed, Wolf began to notice something strange. Every morning, when the sun rose, there was a golden light that illuminated his room. It wasn't the sunlight, but a warm and enveloping light, similar to what he had seen in the shell. Wolf realized that the light he was trying to feel inside himself had always been there, and the shell was just a reflection of that inner light.

One day, he decided to share this discovery with the other villagers. He organized a party in the town square and invited everyone to join. During the party, Wolf told the story of the shell and how he had learned to find the light within himself.

The villagers listened attentively and, inspired by his story, began to reflect on their own inner light.

From that day on, the village changed. Each person, young and old, began to share their own light with others. Smiles became brighter, laughter more sincere, and the village's beauty seemed to grow each day. Even Wolf finally felt at home, surrounded by friends who had learned to see the beauty within themselves.

And so, the village became a place of light and joy, where every soul was loved and appreciated. And Wolf, with his heart finally filled with love and gratitude, continued to write poetry and draw distant worlds, knowing that true magic was not found in special objects, but in the heart of every person.

Il Giardino dei Sogni

C'era una volta, in un angolo tranquillo del mondo, un piccolo giardino incantato che nessuno sembrava notare. Il giardino era nascosto tra le colline di un paesino chiamato Fiori d'Oro, un luogo che sembrava uscito da una favola. Le sue aiuole erano piene di fiori dai colori straordinari e i suoi alberi erano coperti di frutti dorati. Ma il giardino aveva una particolarità che lo rendeva unico: le piante non solo fiorivano, ma parlavano.

Nessuno sapeva di questa caratteristica magica, tranne una giovane ragazza di nome Lucia. Lucia era una persona dal cuore gentile e dai sogni grandi come il cielo. Ogni giorno, dopo la scuola, si rifugiava nel giardino per ascoltare le storie raccontate dalle piante. Le margherite narravano di avventure lontane, le rose parlavano di amori antichi, e i gigli raccontavano di luoghi meravigliosi che non avevano mai visto.

Lucia aveva scoperto il giardino per caso, mentre giocava nei boschi vicini. Era entrata in un sentiero nascosto tra le fronde e aveva trovato una porta di legno coperta di muschio e fiori selvatici. Con grande curiosità, aveva aperto la porta e si era trovata in un luogo che sembrava uscito da un sogno. Da allora, il giardino era diventato il suo posto segreto, un rifugio per la sua anima.

Un giorno, mentre Lucia passeggiava tra i sentieri del giardino, si imbatté in una pianta che non aveva mai visto prima. Era un albero piccolo e aggraziato, con foglie argentate che brillavano alla luce del sole. Al centro dell'albero c'era un frutto scintillante che emanava una luce dorata. Lucia si avvicinò, affascinata dalla bellezza dell'albero e del suo frutto.

"Salve, giovane viaggiatrice," disse l'albero con una voce dolce e melodiosa. "Sono l'Albero dei Desideri. Ogni frutto che porto con me realizza un desiderio, ma solo se il desiderio è puro e sincero."

Lucia rimase colpita dalla rivelazione. Non aveva mai sentito parlare di un albero capace di realizzare desideri, eppure, guardando il frutto luminoso, sentì un desiderio nascere nel suo cuore. Era un desiderio semplice e profondo: voleva che il giardino dei sogni fosse conosciuto e amato da tutti.

"Voglio che il mio giardino sia un luogo dove tutti possano trovare conforto e gioia," disse Lucia con voce tremante. "Un luogo dove chiunque possa venire e ascoltare le storie delle piante."

L'Albero dei Desideri la guardò con occhi saggi e gentili. "Il tuo desiderio è puro e sincero," disse l'albero. "Ma per realizzarlo, devi condividere il tuo segreto con gli altri. Solo quando il giardino sarà amato da molti, potrà mostrare tutta la sua magia."

Lucia era un po' spaventata dall'idea di rivelare il giardino segreto, ma sentiva che era giusto. Decise di seguire il consiglio dell'albero e cominciò a raccontare ai suoi amici e alla sua famiglia delle meraviglie che aveva scoperto.

All'inizio, nessuno credeva alla storia di Lucia. Pensavano che fosse una favola inventata dalla sua immaginazione. Ma Lucia non si arrese. Continuò a parlare del giardino con passione e dedizione, invitando le persone a venire con lei. Nonostante i dubbi e le risate, Lucia era determinata a mostrare a tutti la bellezza del suo rifugio segreto.

Un giorno, Lucia organizzò una festa nel suo giardino e invitò tutti gli abitanti del paesino. Preparò una merenda con torte e biscotti e decorò il giardino con lanterne colorate e nastri luminosi. Quando arrivarono gli ospiti, Lucia li guidò attraverso la porta segreta e li condusse nel cuore del giardino.

Gli abitanti del paesino rimasero sbalorditi. Non avevano mai visto un luogo così incantevole. Le piante raccontavano le loro storie con entusiasmo, e i fiori brillavano sotto la luce delle lanterne. Le persone iniziarono a sedersi e ascoltare, e presto si sentirono immerse in un mondo di meraviglia e bellezza.

Il giardino dei sogni iniziò a fiorire con una nuova vita. Ogni giorno, nuove persone venivano a visitare il giardino e a scoprire la magia che si celava tra le sue piante. Il giardino divenne un luogo di incontro per la comunità, un posto dove le persone potevano condividere le loro storie e trovare conforto.

Lucia era felice di vedere il suo sogno diventare realtà. Il giardino non era più un segreto nascosto, ma un tesoro condiviso con il mondo. La gioia e la gratitudine di vedere il giardino amato da tanti superavano ogni paura e dubbio che aveva avuto.

Col passare del tempo, il giardino dei sogni divenne un simbolo di speranza e bellezza per il paesino di Fiori d'Oro. Ogni anno, il giardino ospitava una grande festa per celebrare la magia e la gioia che aveva portato nella vita di tutti. Lucia continuò a curare il giardino con amore e dedizione, sapendo che il vero potere della magia risiedeva nel condividere la bellezza con gli altri.

E così, il giardino dei sogni visse felice e prospero, non solo come un angolo di bellezza, ma come un luogo di incontro per anime affini e cuori gentili. Lucia, con il suo cuore colmo di amore e gratitudine, sapeva che la vera magia non era solo nei fiori e nelle piante, ma nella connessione e nella gioia condivisa tra le persone.

The Garden of Dreams

———

Once upon a time, in a quiet corner of the world, there was a small enchanted garden that no one seemed to notice. The garden was hidden among the hills of a little village called Golden Flowers, a place that seemed straight out of a fairy tale. Its flowerbeds were filled with flowers of extraordinary colors, and its trees bore golden fruits. But the garden had a unique feature: the plants not only bloomed, but also spoke.

No one knew about this magical characteristic except for a young girl named Lucia. Lucia was a kind-hearted person with dreams as big as the sky. Every day after school, she would retreat to the garden to listen to the stories told by the plants. The daisies narrated distant adventures, the roses spoke of ancient loves, and the lilies recounted wonderful places they had never seen.

Lucia had discovered the garden by accident while playing in the nearby woods. She had stumbled upon a hidden path among the foliage and found a wooden door covered in moss and wildflowers. With great curiosity, she had opened the door and found herself in a place that seemed to come straight out of a dream. Since then, the garden had become her secret place, a refuge for her soul.

One day, while Lucia was strolling along the garden paths, she came across a plant she had never seen before. It was a small, graceful tree with silver leaves that shimmered in the sunlight. At the center of the tree was a sparkling fruit that emitted a golden light. Lucia approached, enchanted by the beauty of the tree and its fruit.

"Hello, young traveler," said the tree with a sweet and melodious voice. "I am the Tree of Wishes. Each fruit I bear fulfills a wish, but only if the wish is pure and sincere."

Lucia was struck by the revelation. She had never heard of a tree capable of granting wishes, yet, looking at the luminous fruit, she felt a wish stir in her heart. It was a simple and profound wish: she wanted the garden of dreams to be known and loved by everyone.

"I want my garden to be a place where everyone can find comfort and joy," Lucia said with a trembling voice. "A place where anyone can come and listen to the stories of the plants."

The Tree of Wishes looked at her with wise and gentle eyes. "Your wish is pure and sincere," said the tree. "But to make it come true, you must share your secret with others. Only when the garden is loved by many will it show all its magic."

Lucia was a bit frightened by the idea of revealing the secret garden, but she felt it was right. She decided to follow the tree's advice and began to tell her friends and family about the wonders she had discovered.

At first, no one believed Lucia's story. They thought it was a fairy tale invented by her imagination. But Lucia did not give up. She continued to talk about the garden with passion and dedication, inviting people to come with her. Despite the doubts and laughter, Lucia was determined to show everyone the beauty of her secret refuge.

One day, Lucia organized a party in her garden and invited all the villagers. She prepared a feast with cakes and cookies and decorated the garden with colorful lanterns and bright ribbons. When the guests arrived, Lucia guided them through the secret door and led them to the heart of the garden.

The villagers were astonished. They had never seen such an enchanting place. The plants told their stories with enthusiasm, and the flowers glowed under the lanterns' light. People began to sit and listen, and soon they felt immersed in a world of wonder and beauty.

The Garden of Dreams began to blossom with new life. Every day, new people came to visit the garden and discover the magic hidden among its plants. The garden became a meeting place for the community, a place where people could share their stories and find comfort.

Lucia was happy to see her dream come true. The garden was no longer a hidden secret but a treasure shared with the world. The joy and gratitude of seeing the garden loved by so many surpassed any fears and doubts she had.

Over time, the Garden of Dreams became a symbol of hope and beauty for the village of Golden Flowers. Every year, the garden hosted a grand festival to celebrate the magic and joy it had brought into everyone's lives. Lucia continued to care for the garden with love and dedication, knowing that the true power of magic lay in sharing beauty with others.

And so, the Garden of Dreams lived happily and prosperously, not only as a corner of beauty but as a meeting place for kindred souls and gentle hearts. Lucia, with her heart filled with love and gratitude, knew that true magic was not only in the flowers and plants but in the connection and joy shared among people.

Il Lupo e la Luce delle Stelle

In un angolo remoto di una foresta antica e profonda, viveva un lupo di nome Argo. Argo era un lupo dal manto grigio argenteo e dagli occhi penetranti, e il suo spirito era come un fiume tranquillo che scorreva attraverso le valli dell'oceano. La foresta in cui viveva era un luogo di mistero e bellezza, dove il tempo sembrava fermarsi e ogni angolo nascondeva un segreto.

Argo era un lupo solitario, non perché volesse esserlo, ma perché non riusciva a trovare il suo posto tra gli altri lupi della sua mandria. Mentre i suoi compagni amavano cacciare e correre attraverso le colline, Argo trovava conforto nella quiete della notte e nella contemplazione delle stelle. Ogni sera, si sdraiava su una collina, guardando il cielo stellato e sognando di avventure e luoghi lontani.

Un giorno, mentre esplorava una radura poco conosciuta, Argo trovò una pietra lucente incastonata tra le radici di un grande albero. La pietra brillava di una luce argentea e pulsava come se avesse un cuore proprio. Argo la toccò con la zampa e sentì una vibrazione sottile che percorse il suo corpo, come una melodia antica e familiare.

"Mia cara pietra," disse Argo, "da dove vieni e quale segreto porti con te?"

La pietra non rispose con parole, ma emise una luce più intensa, e Argo avvertì una presenza calda e accogliente. Si addormentò con la pietra accanto a lui, e nei suoi sogni vide un lupo alato, con pelliccia dorata e occhi che brillavano come le stelle. Il lupo alato gli parlò con una voce gentile e rassicurante.

"Argo, il tuo cuore è puro e la tua anima è saggia. Questa pietra è un dono delle stelle, e la tua ricerca di bellezza e conoscenza è ciò che ti guiderà. Segui la luce della pietra, e troverai ciò che cerchi."

Quando Argo si svegliò, trovò la pietra ancora accanto a lui, ma non era più luminosa come prima. Decise di seguire il consiglio del lupo alato e partì per un viaggio alla ricerca del significato del suo sogno e della luce che la pietra sembrava emanare.

Il viaggio di Argo lo portò attraverso paesaggi magnifici e sconosciuti. Camminò attraverso boschi incantati e attraversò fiumi scintillanti. Ogni giorno, la pietra emanava una luce sempre più debole, ma Argo continuava a camminare con determinazione e speranza. Ogni sera, si fermava su una collina e guardava le stelle, sperando che la risposta ai suoi interrogativi potesse arrivare attraverso il cielo.

Un giorno, Argo raggiunse una montagna imponente e antica, la cui cima sembrava toccare le stelle. Decise di arrampicarsi fino in cima, spinto dalla convinzione che lì avrebbe trovato ciò che cercava. La salita era difficile e faticosa, ma Argo era determinato e non si lasciava scoraggiare dalla stanchezza.

Quando finalmente raggiunse la cima, Argo trovò un luogo magico. Una radura si estendeva davanti a lui, e al centro c'era un lago cristallino che rifletteva il cielo stellato. La pietra, che ora era quasi completamente spenta, brillava debolmente nella luce della luna.

Mentre Argo si avvicinava al lago, notò che l'acqua sembrava muoversi come se fosse animata da una vita propria. I pesci nel lago nuotavano con grazia, e le loro scaglie brillavano come piccole stelle. Argo si avvicinò all'acqua e guardò il suo riflesso. Vide il lupo alato apparire accanto a lui, come se fosse un'ombra nel lago.

"Benvenuto, Argo," disse il lupo alato con una voce che sembrava provenire dalle profondità dell'acqua. "Hai viaggiato lontano e hai dimostrato coraggio e determinazione. La luce che cercavi non è un oggetto da trovare, ma una parte di te stesso che deve essere scoperta."

Argo ascoltò attentamente e sentì una comprensione profonda nascere dentro di lui. Il lupo alato continuò: "La luce che hai visto nella pietra era un riflesso della tua stessa luce interiore. Hai cercato bellezza e conoscenza, e ora è il momento di guardare dentro di te."

Argo chiuse gli occhi e si concentrò sui suoi sentimenti e desideri più profondi. Sentì un calore crescente nel suo cuore, e quando riaprì gli occhi, comprese che la luce che cercava era sempre stata dentro di lui. Non era necessario andare lontano per trovarla, ma bastava ascoltare il proprio cuore.

Il lupo alato sorrise e si dissolse nell'acqua, lasciando dietro di sé una scia di luce argentata. Argo guardò il lago e vide il riflesso del cielo stellato, e capì che il suo viaggio era stato una ricerca per scoprire e accettare la sua vera essenza.

Con un nuovo senso di pace e comprensione, Argo tornò alla sua foresta. Non era più solo, perché aveva trovato la sua luce interiore e aveva compreso che la vera bellezza risiede nel riconoscere e accettare se stessi. La sua mandria notò il cambiamento in lui e, lentamente, anche loro iniziarono a rispettare e apprezzare la sua saggezza e la sua profonda connessione con la natura.

Argo continuò a vivere nella foresta, ma ora il suo spirito era sereno e felice. Ogni sera, si sdraiava su una collina e guardava le stelle, non più solo in cerca di risposte, ma per celebrare la luce che aveva trovato dentro di sé. Il giardino dei sogni non era più un luogo fisico da scoprire, ma un sentimento di meraviglia e pace che Argo portava con sé ovunque andasse.

E così, il lupo che aveva cercato la luce delle stelle scoprì che la vera luce risiedeva dentro di lui. La foresta divenne un luogo di bellezza e armonia, e Argo, con il suo cuore illuminato dalla comprensione e dall'amore, continuò a guidare e ispirare gli altri con la sua presenza gentile e saggia.

The Wolf and the Light of the Stars

In a remote corner of an ancient, deep forest, lived a wolf named Argo. Argo was a wolf with a silver-gray coat and piercing eyes, and his spirit was like a quiet river flowing through the valleys of the ocean. The forest where he lived was a place of mystery and beauty, where time seemed to stand still and every corner hid a secret.

Argo was a solitary wolf, not because he wanted to be, but because he could not find his place among the other wolves in his pack. While his companions enjoyed hunting and running across the hills, Argo found comfort in the stillness of the night and in contemplating the stars. Every evening, he would lie on a hill, watching the starry sky and dreaming of adventures and distant places.

One day, while exploring an unfamiliar clearing, Argo found a glowing stone embedded among the roots of a great tree. The stone shone with a silvery light and pulsed as if it had a heart of its own. Argo touched it with his paw and felt a subtle vibration running through his body, like an ancient and familiar melody.

"My dear stone," said Argo, "where do you come from and what secret do you carry with you?"

The stone did not respond with words but emitted a brighter light, and Argo felt a warm and welcoming presence. He fell asleep with the stone beside him, and in his dreams, he saw a winged wolf with golden fur and eyes that shone like the stars. The winged wolf spoke to him with a gentle and reassuring voice.

"Argo, your heart is pure and your soul is wise. This stone is a gift from the stars, and your search for beauty and knowledge will guide you. Follow the light of the stone, and you will find what you seek."

When Argo woke up, he found the stone still beside him, but it was no longer as bright as before. He decided to follow the winged wolf's advice and set out on a journey to discover the meaning of his dream and the light that the stone seemed to emit.

Argo's journey took him through magnificent and unknown landscapes. He walked through enchanted forests and crossed shimmering rivers. Each day, the stone emitted a weaker light, but Argo continued to walk with determination and hope. Each evening, he would stop on a hill and gaze at the stars, hoping that the answer to his questions might come from the sky.

One day, Argo reached an imposing and ancient mountain, whose peak seemed to touch the stars. He decided to climb to the top, driven by the belief that he would find what he was looking for there. The climb was difficult and exhausting, but Argo was determined and did not let fatigue discourage him.

When he finally reached the top, Argo found a magical place. A clearing stretched out before him, and in the center was a crystal-clear lake that reflected the starry sky. The stone, now almost completely dim, glowed faintly in the moonlight.

As Argo approached the lake, he noticed that the water seemed to move as if it was animated by its own life. The fish in the lake swam gracefully, and their scales sparkled like tiny stars. Argo approached the water and looked at his reflection. He saw the winged wolf appear beside him, as if it was a shadow in the lake.

"Welcome, Argo," said the winged wolf with a voice that seemed to come from the depths of the water. "You have traveled far and shown courage and determination. The light you were seeking is not an object to be found but a part of yourself that must be discovered."

Argo listened carefully and felt a deep understanding rising within him. The winged wolf continued: "The light you saw in the stone was a reflection of your own inner light. You have sought beauty and knowledge, and now it is time to look within yourself."

Argo closed his eyes and focused on his deepest feelings and desires. He felt a growing warmth in his heart, and when he opened his eyes again, he realized that the light he sought had always been inside him. It was not necessary to go far to find it; it was enough to listen to his own heart.

The winged wolf smiled and dissolved into the water, leaving behind a trail of silvery light. Argo looked at the lake and saw the reflection of the starry sky, and he understood that his journey had been a quest to discover and accept his true essence.

With a new sense of peace and understanding, Argo returned to his forest. He was no longer alone, for he had found his inner light and understood that true beauty lies in recognizing and accepting oneself. His pack noticed the change in him, and slowly, they began to respect and appreciate his wisdom and deep connection with nature.

Argo continued to live in the forest, but now his spirit was calm and happy. Each evening, he would lie on a hill and look at the stars, no longer just searching for answers, but celebrating the light he had found within himself. The Garden of Dreams was no longer a physical place to be discovered but a feeling of wonder and peace that Argo carried with him wherever he went.

And so, the wolf who had sought the light of the stars discovered that true light resided within himself. The forest became a place of beauty and harmony, and Argo, with his heart illuminated by understanding and love, continued to guide and inspire others with his gentle and wise presence.

Il Topo e il Leone: Un Amico Inaspettato

C'era una volta, in una radura tranquilla e verdeggiante, un piccolo topo di nome Leo. Leo era un topo curioso e intraprendente, con occhi brillanti e un cuore che batteva forte per le avventure. Nonostante la sua piccola statura, Leo aveva un grande sogno: voleva scoprire cosa si celava oltre la sua foresta e vedere il mondo come lo aveva visto solo nei racconti delle stelle.

Ogni giorno, Leo si avventurava sempre più lontano dalla sua tana, esplorando angoli sconosciuti della foresta e stringendo amicizie con altri animali. Ma nessuno avrebbe mai potuto immaginare che il destino lo avrebbe condotto a incontrare una delle creature più temute e rispettate della foresta: un maestoso leone di nome Regho.

Regho era un leone imponente, con una criniera dorata che ondeggiava come un mare di fuoco al sole e occhi che scintillavano di saggezza e autorità. Sebbene fosse rispettato da tutti gli animali della foresta, era noto per la sua solitudine. Viveva in una grande caverna su una collina, e raramente scendeva nella radura o interagiva con gli altri abitanti della foresta.

Un giorno, mentre Leo stava esplorando una zona particolarmente densa e misteriosa della foresta, si imbatté in un grande sentiero circondato da erba alta e fiori selvatici. Seguendo il sentiero, si trovò davanti all'entrata di una caverna che emanava una calda luce dorata. Leo, spinto dalla curiosità, decise di avvicinarsi e dare un'occhiata.

Dentro la caverna, Regho giaceva su un letto di foglie e muschio, apparentemente immerso nei suoi pensieri. Leo, anche se era spaventato, si avvicinò con cautela e, con un piccolo colpo di zampa, fece attenzione a non disturbare troppo il leone.

"Salve," disse Leo con una voce tremante. "Sono Leo, un topo della foresta. Non volevo disturbarti, ma ho visto la tua caverna e... beh, ero curioso di conoscerti."

Regho alzò la testa e guardò il piccolo topo con uno sguardo di sorpresa e curiosità. Non era spesso che qualcuno, specialmente un topo, osasse avvicinarsi a lui. Con uno sguardo attento e gentile, rispose: "Salve, Leo. Non sei affatto un disturbo. Cosa ti porta qui?"

Leo si sedette su una pietra vicino all'entrata della caverna e cominciò a raccontare a Regho delle sue avventure e dei suoi sogni. Parlò dei luoghi che aveva visitato e dei misteri che aveva scoperto. Regho ascoltava con interesse, e per la prima volta da tanto tempo, sentì un senso di connessione con qualcuno.

"Ho sempre desiderato vedere il mondo al di fuori di questa foresta," disse Leo. "Ma ho sempre avuto paura. Ogni passo che faccio mi sembra un grande rischio."

Regho rifletté sulle parole di Leo. Sebbene fosse un leone forte e coraggioso, capiva bene il timore dell'ignoto. Anche lui aveva avuto paura di avventurarsi al di fuori della sua zona di comfort, ma il tempo e l'esperienza avevano insegnato che la crescita avveniva spesso quando ci si spingeva oltre i propri limiti.

"Leo," disse Regho con voce profonda e riflessiva, "la paura è naturale, ma è anche una parte importante del nostro viaggio. Ti va di venire con me in una passeggiata attraverso la foresta? Potrebbe essere il primo passo verso il superamento delle tue paure."

Leo era sorpreso e felice della proposta. Non avrebbe mai immaginato di esplorare la foresta insieme a un leone. Accettò con entusiasmo e insieme iniziarono il loro cammino. Durante la passeggiata, Regho raccontava storie delle sue esperienze e delle lezioni apprese nel corso degli anni, e Leo ascoltava attentamente, assorbendo ogni parola.

Man mano che avanzavano, Leo si sentiva sempre più a suo agio accanto a Regho. Il leone mostrava un lato gentile e premuroso che Leo non aveva mai visto prima. Era affascinato dalla forza e dalla saggezza di Regho, e il suo timore iniziava a svanire, sostituito da un senso di meraviglia e di avventura.

Arrivarono a un fiume che scorreva placidamente attraverso la foresta. Le acque erano cristalline e riflettevano il cielo azzurro come uno specchio. Regho si fermò e si inginocchiò vicino al fiume, mentre Leo osservava con curiosità.

"Guarda l'acqua, Leo," disse Regho. "A volte, la bellezza e la tranquillità della natura possono insegnarci molto. Questo fiume non ha paura di scorrere verso il mare. Segue il suo corso e trova il suo cammino, proprio come dobbiamo fare noi."

Leo guardò il fiume e si rese conto che Regho aveva ragione. Il fiume non esitava mai, nonostante le sue curve e gli ostacoli lungo il cammino. Continuava a muoversi con grazia e determinazione, e questo gli dava coraggio.

Mentre il sole cominciava a tramontare, Argo e Regho tornarono alla caverna. Leo si sentiva cambiato. Aveva trascorso una giornata straordinaria, esplorando nuovi luoghi e apprendendo preziose lezioni di vita. E, cosa più importante, aveva trovato un amico inaspettato in Regho.

"Grazie, Regho," disse Leo, guardando il leone con gratitudine. "Oggi ho imparato molto. Ho capito che affrontare le mie paure e avventurarmi verso l'ignoto non è così spaventoso come pensavo."

Regho sorrise e rispose: "Grazie a te, Leo. La tua curiosità e il tuo coraggio hanno portato una nuova luce nella mia vita. Anche io ho imparato che ci sono sempre nuove avventure da scoprire e che l'amicizia può nascere nei luoghi più inaspettati."

Leo e Regho continuarono a passare del tempo insieme, esplorando la foresta e condividendo storie e avventure. Il loro legame divenne più forte ogni giorno e, insieme, affrontarono nuove sfide e scoprendo meraviglie che nessuno dei due avrebbe mai immaginato.

Con il passare del tempo, Leo e Regho divennero inseparabili. La loro amicizia ispirò gli altri animali della foresta, dimostrando che anche le differenze più grandi potevano essere superate attraverso la comprensione e il rispetto reciproci. La foresta, un tempo piena di timore e solitudine, divenne un luogo di connessione e gioia, grazie all'esempio di Leo e Regho.

Leo continuò a esplorare e a sognare, ma ora lo faceva con la certezza che le sue paure non erano più insormontabili. Aveva imparato che ogni avventura, grande o piccola, era un'opportunità per crescere e scoprire se stessi. E Regho, il leone che aveva inizialmente vissuto in solitudine, trovò una nuova gioia nella compagnia e nell'amicizia che non aveva mai immaginato di avere.

E così, la foresta divenne un luogo dove le storie di un piccolo topo e di un grande leone si intrecciavano in una danza di amicizia e avventura. Leo e Regho, con i loro cuori uniti e le loro anime illuminate dalla luce dell'amicizia, continuarono a vivere felici e soddisfatti, sapendo che, a volte, le connessioni più preziose nascono nei luoghi e nei modi più inaspettati.

The Mouse and the Lion: An Unexpected Friend

Once upon a time, in a peaceful and verdant glade, lived a little mouse named Leo. Leo was a curious and adventurous mouse, with bright eyes and a heart that beat strongly for adventure. Despite his small stature, Leo had a big dream: to discover what lay beyond his forest and see the world as he had only seen it in the stories of the stars.

Every day, Leo ventured further from his burrow, exploring unknown corners of the forest and making friends with other animals. But no one could have imagined that fate would lead him to meet one of the most feared and respected creatures in the forest: a majestic lion named Regho.

Regho was an imposing lion, with a golden mane that flowed like a sea of fire under the sun and eyes that sparkled with wisdom and authority. Although he was respected by all the animals in the forest, he was known for his solitude. He lived in a grand cavern on a hill and rarely came down to the glade or interacted with the other forest inhabitants.

One day, while Leo was exploring a particularly dense and mysterious part of the forest, he stumbled upon a large path surrounded by tall grass and wildflowers. Following the path, he found himself in front of the entrance to a cavern that emitted a warm golden light. Leo, driven by curiosity, decided to approach and take a look.

Inside the cavern, Regho lay on a bed of leaves and moss, seemingly lost in his thoughts. Leo, though scared, approached cautiously and, with a little tap of his paw, made sure not to disturb the lion too much.

"Hello," said Leo with a trembling voice. "I'm Leo, a mouse from the forest. I didn't mean to disturb you, but I saw your cavern and... well, I was curious to meet you."

Regho lifted his head and looked at the little mouse with surprise and curiosity. It was not often that someone, especially a mouse, dared to approach him. With a thoughtful and gentle gaze, he replied: "Hello, Leo. You're not a disturbance at all. What brings you here?"

Leo sat on a rock near the entrance of the cavern and began to tell Regho about his adventures and dreams. He spoke of the places he had visited and the mysteries he had uncovered. Regho listened with interest, and for the first time in a long time, he felt a sense of connection with someone.

"I've always wanted to see the world outside this forest," said Leo. "But I've always been afraid. Every step I take seems like a big risk."

Regho pondered Leo's words. Although he was a strong and courageous lion, he understood well the fear of the unknown. He too had been afraid to venture beyond his comfort zone, but time and experience had taught him that growth often occurred when one pushed beyond their limits.

"Leo," said Regho in a deep and reflective voice, "fear is natural, but it is also an important part of our journey. Would you like to join me for a walk through the forest? It could be the first step towards overcoming your fears."

Leo was surprised and delighted by the proposal. He had never imagined exploring the forest alongside a lion. He accepted eagerly, and together they began their walk. As they walked, Regho shared stories of his experiences and the lessons he had learned over the years, and Leo listened attentively, absorbing every word.

As they progressed, Leo felt increasingly at ease beside Regho. The lion displayed a kind and caring side that Leo had never seen before. He was fascinated by Regho's strength and wisdom, and his fear began to fade, replaced by a sense of wonder and adventure.

They arrived at a river that flowed gently through the forest. The waters were crystal clear and reflected the blue sky like a mirror. Regho stopped and knelt by the river, while Leo watched with curiosity.

"Look at the water, Leo," said Regho. "Sometimes, the beauty and tranquility of nature can teach us a lot. This river does not fear flowing towards the sea. It follows its course and finds its way, just as we must."

Leo looked at the river and realized that Regho was right. The river never hesitated, despite its curves and obstacles along the way. It continued to move with grace and determination, and this gave him courage.

As the sun began to set, Leo and Regho returned to the cavern. Leo felt changed. He had spent an extraordinary day exploring new places and learning valuable life lessons. And, most importantly, he had found an unexpected friend in Regho.

"Thank you, Regho," said Leo, looking at the lion with gratitude. "Today I've learned a lot. I've realized that facing my fears and venturing into the unknown isn't as frightening as I thought."

Regho smiled and replied: "Thank you, Leo. Your curiosity and courage have brought a new light into my life. I too have learned that there are always new adventures to discover and that friendship can arise in the most unexpected places."

Leo and Regho continued to spend time together, exploring the forest and sharing stories and adventures. Their bond grew stronger each day, and together they faced new challenges and discovered wonders they had never imagined.

Over time, Leo and Regho became inseparable. Their friendship inspired the other animals in the forest, demonstrating that even the greatest differences could be overcome through understanding and mutual respect. The forest, once filled with fear and solitude, became a place of connection and joy, thanks to the example set by Leo and Regho.

Leo continued to explore and dream, but now he did so with the certainty that his fears were no longer insurmountable. He had learned that every adventure, big or small, was an opportunity to grow and discover oneself. And Regho, the lion who had initially lived in solitude, found new joy in the companionship and friendship he had never imagined having.

And so, the forest became a place where the stories of a small mouse and a great lion intertwined in a dance of friendship and adventure. Leo and Regho, with their hearts united and their souls illuminated by the light of friendship, continued to live happily and contentedly, knowing that sometimes, the most precious connections arise in the most unexpected places.

La Balena e il Mare della Luce

Nelle acque profondissime e misteriose dell'oceano, nuotava una balena di nome Luna. Luna era una balena enorme e maestosa, con una pelle che scintillava di tutte le sfumature del blu e un cuore colmo di curiosità. Nonostante la sua grandezza, Luna si sentiva piccola e insignificante quando osservava l'immensità del mare e il cielo stellato sopra di lei. I suoi amici, le creature dell'oceano, spesso le parlavano di storie affascinanti e di luoghi lontani, ma Luna si chiedeva se queste meraviglie fossero reali o solo sogni lontani.

Un giorno, mentre Luna stava nuotando tra le onde tranquille, udì un sussurro sottile e delicato provenire dalla superficie dell'acqua. Il suono era come una melodia lontana che la invitava a seguirla. Luna decise di seguire quel richiamo, e si avventurò verso una parte dell'oceano che non aveva mai esplorato.

Il viaggio di Luna la portò attraverso acque cristalline e colorate da strani coralli luminosi, che sembravano danzare come fiamme sotto il sole. Nuotò accanto a pesci dai colori vivaci e attraverso fitte foreste di alghe, meravigliandosi della bellezza e della varietà della vita marina. Ogni tanto, fermava il suo cammino per ascoltare i canti delle balene e il canto delle sirene, che sembravano raccontare storie di antichi misteri e meraviglie perdute.

Finalmente, Luna arrivò in una radura sottomarina che sembrava essere un angolo segreto del mondo. Al centro di questa radura c'era una gigantesca conchiglia di madreperla, che emanava una luce brillante e calda. Luna si avvicinò con cautela e, con un delicato movimento della zampa, toccò la conchiglia.

Immediatamente, una luce intensa avvolse Luna, e davanti ai suoi occhi apparve una figura luminosa. Era una creatura eterea, con una forma simile a quella di una balena ma con ali di luce che scintillavano come stelle. La creatura parlò con una voce dolce e melodiosa.

"Benvenuta, Luna," disse la creatura. "Sono Astra, la guardiana del Mare della Luce. Ti sei avventurata fino a qui seguendo il richiamo della bellezza e della curiosità, e ora hai trovato ciò che cercavi."

Luna, stupefatta e affascinata, rispose: "Ma cosa rappresenta questo luogo? E perché il mio cuore è stato attratto da questa luce?"

Astra sorrise e rispose: "Il Mare della Luce è un luogo speciale, nascosto agli occhi dei più. È qui che i sogni e le speranze degli abitanti dell'oceano si intrecciano con la magia delle stelle. Ogni volta che una creatura dell'oceano cerca la verità e la bellezza con il cuore puro, il Mare della Luce si manifesta per guidarla."

Luna ascoltava attentamente, sentendo un senso di meraviglia e di comprensione crescere dentro di lei. Astra continuò: "Hai viaggiato lontano e hai affrontato molte meraviglie per arrivare fino a qui. Ma ora, è il momento di scoprire il vero dono che il Mare della Luce ha da offrirti."

Con un movimento fluido, Astra invitò Luna a nuotare con lei attraverso la radura sottomarina. Mentre si muovevano insieme, la luce della conchiglia si rifletteva sull'acqua, creando giochi di luce che danzavano intorno a loro. Astra spiegò a Luna che il Mare della Luce non era solo un luogo fisico, ma anche un simbolo di quanto è importante seguire i propri sogni e avere fede in se stessi.

"Ogni creatura dell'oceano," disse Astra, "ha dentro di sé una luce unica, una scintilla di bellezza e di potenziale. Il Mare della Luce ti ha accolto perché hai dimostrato di avere un cuore aperto e un'anima curiosa. Il dono che ricevi oggi è la consapevolezza di quella luce interiore."

Luna guardò dentro di sé e si rese conto di quanto fosse stata influenzata dalla ricerca della bellezza e della verità. Non era stata la luce della conchiglia a guidarla, ma la luce dentro di lei stessa, che l'aveva spinta a cercare e a scoprire. Questa consapevolezza le dava un senso di pace e di completezza che non aveva mai provato prima.

Mentre Astra la guidava verso l'uscita della radura, Luna si sentì cambiata. Non solo aveva scoperto un luogo meraviglioso e magico, ma aveva anche trovato una nuova comprensione di se stessa e del suo posto nel mondo. Con un ultimo sorriso, Astra le augurò buon viaggio e scomparve nella luce della conchiglia.

Luna tornò a casa con il cuore colmo di gratitudine e di gioia. La sua avventura l'aveva portata a comprendere che la vera bellezza non si trovava solo nei luoghi lontani e misteriosi, ma anche dentro di lei. Ogni giorno, mentre nuotava tra le acque dell'oceano, Luna si ricordava del Mare della Luce e del dono che aveva ricevuto. La sua vita era diventata una danza di meraviglia e di gratitudine, e condivideva questa gioia con tutti gli altri abitanti del mare.

E così, nelle profondità dell'oceano, la storia di Luna e del Mare della Luce continuò a brillare come una stella nel cielo, ispirando generazioni di esploratori e sognatori a cercare e a scoprire la loro propria luce interiore.

The Whale and the Sea of Light

In the deepest and most mysterious waters of the ocean, swam a whale named Luna. Luna was a huge and majestic whale, with a skin that shimmered in all shades of blue and a heart full of curiosity. Despite her size, Luna felt small and insignificant when she gazed at the vastness of the sea and the starry sky above her. Her friends, the creatures of the ocean, often spoke to her of fascinating tales and distant places, but Luna wondered if these wonders were real or just distant dreams.

One day, while Luna was swimming through the tranquil waves, she heard a subtle and delicate whisper coming from the surface of the water. The sound was like a distant melody inviting her to follow it. Luna decided to follow the call and ventured into a part of the ocean she had never explored before.

Luna's journey took her through crystal-clear waters and colorful strange corals that seemed to dance like flames under the sun. She swam alongside vividly colored fish and through dense forests of seaweed, marveling at the beauty and variety of marine life. Occasionally, she stopped to listen to the songs of whales and the singing of mermaids, which seemed to tell stories of ancient mysteries and lost wonders.

Finally, Luna arrived at an underwater glade that seemed to be a secret corner of the world. At the center of this glade was a gigantic mother-of-pearl shell, radiating a brilliant and warm light. Luna approached cautiously and, with a gentle movement of her fin, touched the shell.

Immediately, an intense light enveloped Luna, and before her eyes appeared a luminous figure. It was an ethereal creature, resembling a whale but with wings of light that sparkled like stars. The creature spoke with a sweet and melodious voice.

"Welcome, Luna," said the creature. "I am Astra, the guardian of the Sea of Light. You have ventured here following the call of beauty and curiosity, and now you have found what you were seeking."

Luna, astonished and fascinated, replied: "But what does this place represent? And why has my heart been drawn to this light?"

Astra smiled and replied: "The Sea of Light is a special place, hidden from the eyes of most. It is where the dreams and hopes of the ocean's inhabitants intertwine with the magic of the stars. Whenever a sea creature seeks truth and beauty with a pure heart, the Sea of Light reveals itself to guide them."

Luna listened attentively, feeling a sense of wonder and understanding growing within her. Astra continued: "You have traveled far and faced many wonders to get here. But now, it's time to discover the true gift that the Sea of Light has to offer you."

With a fluid movement, Astra invited Luna to swim with her through the underwater glade. As they moved together, the light from the shell reflected on the water, creating light patterns that danced around them. Astra explained to Luna that the Sea of Light was not just a physical place but also a symbol of how important it is to follow one's dreams and have faith in oneself.

"Every sea creature," said Astra, "has within them a unique light, a spark of beauty and potential. The Sea of Light has welcomed you because you have shown to have an open heart and a curious soul. The gift you receive today is the awareness of that inner light."

Luna looked inside herself and realized how influenced she had been by the search for beauty and truth. It was not the light of the shell that had guided her but the light within herself that had driven her to seek and discover. This realization gave her a sense of peace and completeness she had never felt before.

As Astra guided her towards the exit of the glade, Luna felt transformed. Not only had she discovered a wondrous and magical place, but she had also found a new understanding of herself and her place in the world. With one last smile, Astra wished her a good journey and vanished into the light of the shell.

Luna returned home with a heart full of gratitude and joy. Her adventure had led her to understand that true beauty was not only found in distant and mysterious places but also within herself. Each day, as she swam through the waters of the ocean, Luna remembered the Sea of Light and the gift she had received. Her life became a dance of wonder and gratitude, and she shared this joy with all the other inhabitants of the sea.

And so, in the depths of the ocean, the story of Luna and the Sea of Light continued to shine like a star in the sky, inspiring generations of explorers and dreamers to seek and discover their own inner light.

Il Cigno

C'era una volta, in un lago sereno circondato da una foresta silenziosa, un cigno di nome Stella. Stella era un cigno elegante e maestoso, con piume bianche come la neve e un becco dorato che scintillava alla luce del sole. Ogni mattina, Stella scivolava sull'acqua calma del lago, ammirando il suo riflesso e il cielo che si specchiava in esso. Nonostante la bellezza del suo ambiente, Stella sentiva una malinconia che non riusciva a comprendere. C'era una parte di lei che anelava a qualcosa di più grande e luminoso, qualcosa che andava oltre i confini del lago e della foresta.

Una sera, mentre il sole calava e le stelle iniziavano a brillare nel cielo, Stella vide una luce misteriosa fluttuare sopra il lago. Era una luce tenue e incantevole, come un piccolo faro tra le tenebre. Intrigata, Stella decise di seguire quella luce, spinta da una curiosità che sembrava provenire dall'interno del suo cuore.

Navigando silenziosamente sull'acqua, Stella seguì la luce fino a un angolo remoto del lago, dove gli alberi si curvavano verso l'acqua e le foglie tremolavano nella brezza serale. Lì, nel mezzo di un piccolo anfratto, trovò una radura incantata, illuminata da una luce argentata che sembrava danzare tra le stelle cadenti. Al centro della radura c'era un'antica fontana, con acqua cristallina che scintillava come diamanti sotto la luce della luna.

Stella si avvicinò alla fontana e vide una figura eterea emergere dall'acqua. Era un essere luminoso, simile a una stella, con ali di luce e un sorriso gentile. La creatura si presentò come Aurora, la Guardiana delle Stelle.

"Benvenuta, Stella," disse Aurora con una voce melodiosa. "Ho visto il tuo cuore brillare di un desiderio sincero di scoprire qualcosa di più grande. Sei giunta al luogo che potrebbe rispondere alle tue domande."

Stella, stupita e affascinata, chiese: "Ma cosa posso trovare qui? Ho sempre sentito che c'è qualcosa di più al di là di questo lago, ma non so cosa sia."

Aurora sorrise e rispose: "Questa fontana è il punto di incontro tra il cielo e la terra, tra i sogni e la realtà. Ogni notte, quando le stelle brillano e la luna sorride, la fontana diventa un portale verso la luce delle stelle, un riflesso dei tuoi desideri più profondi."

Aurora invitò Stella a guardare l'acqua della fontana. Stella si avvicinò e vide il suo riflesso mescolato con le immagini delle stelle e delle galassie lontane. Le acque sembravano raccontare storie di mondi lontani e di avventure impossibili.

"Questo è il momento in cui puoi fare una scelta," spiegò Aurora. "Puoi restare qui, ammirare la bellezza di questo luogo e accettare la tua vita così com'è, oppure puoi seguire il richiamo delle stelle e scoprire cosa c'è al di fuori del tuo lago."

Stella sentì una lieve ansia, ma anche una forte curiosità. La vista delle stelle e dei mondi lontani le parlava di possibilità infinite, e il desiderio di esplorare e scoprire divenne sempre più forte. Con una decisione risoluta, Stella guardò Aurora e disse:

"Voglio scoprire cosa c'è al di fuori del mio lago. Voglio seguire il richiamo delle stelle e vedere cosa c'è oltre."

Aurora annuì con approvazione e disse: "Allora preparati a un viaggio che ti porterà oltre i confini della tua immaginazione. Le stelle ti guideranno e il tuo cuore sarà la tua bussola."

Con un tocco leggero, Aurora liberò un piccolo gruppo di stelle scintillanti che fluttuarono sopra la fontana e si posarono delicatamente sulle piume di Stella. Le stelle erano calde e luminose, e Stella sentì un'energia nuova e vibrante attraversarla.

"Segui le stelle," disse Aurora. "Esse ti guideranno verso il tuo destino e ti aiuteranno a scoprire la luce che brilla dentro di te."

Con il cuore gonfio di speranza e di emozione, Stella si lanciò nell'acqua e si alzò in volo, portata dalla forza delle stelle. Mentre volava sopra il lago e la foresta, Stella osservava il mondo che si apriva sotto di lei. Le stelle guidavano il suo cammino, e il cielo sembrava essere una tela di colori e di meraviglie.

Durante il suo viaggio, Stella visitò luoghi che non aveva mai immaginato. Volò sopra montagne maestose, attraversò deserti dorati e danzò tra le nuvole. Ogni luogo era un mosaico di colori e di emozioni, e ogni stella che incontrava sembrava offrirle una nuova prospettiva sulla vita.

In una delle sue soste, Stella incontrò un vecchio saggio che viveva in una caverna nascosta tra le montagne. Il saggio era un gufo con occhi profondi e saggi, che sembrava sapere tutto del mondo e delle sue meraviglie.

"Sei giunta lontano, giovane cigno," disse il gufo. "Ma la cosa più importante che devi capire è che il vero viaggio è quello che compi dentro di te."

Stella ascoltò attentamente mentre il gufo le parlava di come la bellezza del mondo esterno riflette la bellezza che esiste dentro di noi. Le sue parole risuonavano con la verità che Stella stava cominciando a comprendere. Non era solo il mondo esterno a essere meraviglioso, ma anche la sua luce interiore era una fonte di bellezza e di guida.

Continuando il suo viaggio, Stella si sentiva sempre più a casa nel vasto universo. Le stelle le mostravano la strada e le nuove esperienze le aprivano il cuore. Imparò a vedere il mondo con occhi diversi, a comprendere che ogni parte di essa era collegata e che la luce che cercava era sempre stata dentro di lei.

Dopo molti giorni di viaggio, Stella tornò al suo lago. Ma non era la stessa cigno che era partita. Aveva esplorato il mondo, scoperto nuove meraviglie e imparato a conoscere se stessa in modi profondi e significativi.

Quando tornò, il lago sembrava diverso. La bellezza che un tempo le sembrava familiare ora le appariva come una meraviglia ritrovata. Stella volava sopra il lago, osservando le stelle riflettersi nelle acque, e sapeva che la sua vita era cambiata per sempre.

Le creature del lago si accorsero della trasformazione di Stella e vennero a lei per ascoltare le sue storie e per scoprire la saggezza che aveva acquisito durante il suo viaggio. Stella divenne una guida e una fonte di ispirazione per tutti coloro che cercavano di scoprire la loro luce interiore e di vedere il mondo con occhi nuovi.

Il lago, che un tempo era solo un angolo tranquillo del mondo, divenne un luogo di incontro e di riflessione. Le creature venivano a contemplare le stelle e a ascoltare le storie di Stella, trovando ispirazione e guida nelle sue parole e nella sua luce.

Con il passare del tempo, Stella continuò a volare sotto il cielo stellato, sempre guidata dalla luce delle stelle e dalla bellezza che aveva trovato dentro di sé. Il suo viaggio aveva insegnato che la luce più brillante non era solo quella che si trovava nel cielo, ma anche quella che risiedeva nel cuore di ogni essere vivente.

The Swan

Once upon a time, in a serene lake surrounded by a silent forest, lived a swan named Stella. Stella was an elegant and majestic swan, with feathers as white as snow and a golden beak that sparkled in the sunlight. Every morning, Stella glided across the calm waters of the lake, admiring her reflection and the sky mirrored in it. Despite the beauty of her surroundings, Stella felt a melancholy she could not understand. There was a part of her that longed for something greater and brighter, something beyond the borders of the lake and the forest.

One evening, as the sun set and the stars began to shine in the sky, Stella saw a mysterious light floating above the lake. It was a soft and enchanting light, like a small beacon in the darkness. Intrigued, Stella decided to follow this light, driven by a curiosity that seemed to come from within her heart.

Gliding silently over the water, Stella followed the light to a remote corner of the lake, where the trees arched toward the water and the leaves quivered in the evening breeze. There, in the midst of a small nook, she found an enchanted glade, illuminated by a silvery light that seemed to dance among the falling stars. At the center of the glade was an ancient fountain, with crystal-clear water sparkling like diamonds under the moonlight.

Stella approached the fountain and saw an ethereal figure emerging from the water. It was a luminous being, resembling a star, with wings of light and a gentle smile. The creature introduced herself as Aurora, the Guardian of the Stars.

"Welcome, Stella," said Aurora in a melodious voice. "I have seen your heart shine with a sincere desire to discover something greater. You have come to the place that might answer your questions."

Stella, amazed and fascinated, asked: "But what can I find here? I have always felt there is something more beyond this lake, but I don't know what it is."

Aurora smiled and replied: "This fountain is the meeting point between the sky and the earth, between dreams and reality. Every night, when the stars shine and the moon smiles, the fountain becomes a portal to the light of the stars, a reflection of your deepest desires."

Aurora invited Stella to look into the water of the fountain. Stella approached and saw her reflection mingling with images of distant stars and galaxies. The waters seemed to tell stories of far-off worlds and impossible adventures.

"This is the moment when you can make a choice," explained Aurora. "You can stay here, admire the beauty of this place, and accept your life as it is, or you can follow the call of the stars and discover what lies beyond your lake."

Stella felt a slight anxiety but also a strong curiosity. The sight of the stars and distant worlds spoke to her of infinite possibilities, and the desire to explore and discover grew stronger. With a resolute decision, Stella looked at Aurora and said: "I want to discover what is beyond my lake. I want to follow the call of the stars and see what is out there."

Aurora nodded with approval and said: "Then prepare for a journey that will take you beyond the limits of your imagination. The stars will guide you and your heart will be your compass."

With a gentle touch, Aurora released a small group of sparkling stars that floated above the fountain and gently landed on Stella's feathers. The stars were warm and luminous, and Stella felt a new and vibrant energy flow through her.

"Follow the stars," said Aurora. "They will guide you to your destiny and help you discover the light that shines within you."

With her heart filled with hope and excitement, Stella leaped into the water and took flight, carried by the power of the stars. As she flew above the lake and the forest, Stella watched the world unfold beneath her. The stars guided her path, and the sky seemed to be a canvas of colors and wonders.

During her journey, Stella visited places she had never imagined. She flew over majestic mountains, crossed golden deserts, and danced among the clouds. Each place was a mosaic of colors and emotions, and each star she encountered seemed to offer her a new perspective on life.

In one of her stops, Stella met an old sage who lived in a hidden cave among the mountains. The sage was an owl with deep and wise eyes, who seemed to know everything about the world and its wonders.

"You have come far, young swan," said the owl. "But the most important thing you must understand is that the true journey is the one you undertake within yourself."

Stella listened attentively as the owl spoke about how the beauty of the external world reflects the beauty that exists within us. His words resonated with the truth Stella was beginning to understand. It was not only the external world that was wonderful, but her own inner light was also a source of beauty and guidance.

Continuing her journey, Stella felt more and more at home in the vast universe. The stars showed her the way and the new experiences opened her heart. She learned to see the world with different eyes, to understand that every part of it was connected and that the light she sought had always been within her.

After many days of traveling, Stella returned to her lake. But she was no longer the same swan who had left. She had explored the world, discovered new wonders, and learned to know herself in deep and meaningful ways.

When she returned, the lake seemed different. The beauty that once seemed familiar now appeared as a rediscovered wonder. Stella flew above the lake, watching the stars reflected in the waters, and knew that her life had changed forever.

The creatures of the lake noticed Stella's transformation and came to her to listen to her stories and discover the wisdom she had gained during her journey. Stella became a guide and a source of inspiration for all who sought to discover their inner light and see the world with new eyes.

The lake, which had once been just a quiet corner of the world, became a place of meeting and reflection. Creatures came to contemplate the stars and listen to Stella's stories, finding inspiration and guidance in her words and her light.

As time passed, Stella continued to fly under the starry sky, always guided by the light of the stars and the beauty she had found within herself. Her journey had taught her that the brightest light was not just the one found in the sky, but also the one that resided in the heart of every living being.

Il Cerbiatto e il Sentiero Dorato

C'era una volta, in una foresta avvolta dal mistero e dalla bellezza, un giovane cerbiatto di nome Lara. Lara aveva grandi occhi scuri pieni di curiosità e un manto macchiato di bianco che lo faceva sembrare un piccolo pezzetto di cielo stellato. Ogni giorno, Lara esplorava i sentieri ombreggiati della foresta, ascoltando il canto degli uccelli e osservando i raggi del sole che filtravano attraverso le foglie.

Nonostante la serenità del suo ambiente, Lara sentiva dentro di sé una spinta a cercare qualcosa di più, qualcosa che non riusciva a definire. Era come se una voce interiore gli sussurrasse di andare oltre, di scoprire il segreto nascosto della foresta.

Un giorno, mentre vagava vicino a un ruscello scintillante, Lara notò un sentiero che non aveva mai visto prima. Era un sentiero dorato, coperto di foglie lucenti che brillavano alla luce del sole. Senza esitare, Lara decise di seguire il sentiero, spinto dalla sua innata curiosità e da un senso di avventura.

Il sentiero dorato serpeggiava tra gli alberi, portando Lara in luoghi della foresta che non aveva mai esplorato. Ogni passo sembrava svelare un nuovo segreto: fiori dai colori vivaci che danzavano nel vento, farfalle con ali trasparenti che riflettevano la luce come piccoli arcobaleni, e ruscelli che cantavano dolci melodie. Lara si sentiva immerso in un mondo magico, dove ogni cosa sembrava avere una vita propria e una storia da raccontare.

Dopo un lungo cammino, Lara giunse a una radura incantata, circondata da alberi alti e maestosi. Al centro della radura, c'era un albero antico, con un tronco così grande che sembrava abbracciare il cielo. Sulle sue fronde c'erano migliaia di piccole luci dorate, simili a stelle che brillavano nel buio della notte.

Affascinato da quella vista, Lara si avvicinò all'albero. Sentì una presenza calda e accogliente, come se l'albero lo stesse invitando a scoprire un segreto. D'un tratto, una voce gentile e melodiosa riempì l'aria.

"Benvenuto, giovane Lara," disse la voce. "Sono l'Albero della Saggezza, e tu hai trovato il sentiero dorato che porta alla verità. Il tuo cuore puro e la tua curiosità ti hanno guidato qui, dove potrai scoprire il segreto della foresta."

Lara, con il cuore che batteva forte, chiese: "Qual è il segreto della foresta? Cosa devo scoprire?"

L'Albero della Saggezza sorrise e rispose: "Il segreto della foresta non è qualcosa che può essere visto o toccato. È una verità che vive dentro ogni creatura, una luce interiore che illumina il cammino della vita. Ogni foglia, ogni fiore, ogni ruscello è parte di questo segreto. E tu, Lara, hai la chiave per comprenderlo."

Lara si sedette ai piedi dell'albero, ascoltando attentamente. L'albero continuò: "Il sentiero dorato che hai seguito è il simbolo della tua ricerca interiore. Ogni passo che hai fatto ti ha avvicinato alla verità che risiede dentro di te. Guarda dentro il tuo cuore, giovane Lara, e troverai la luce che hai sempre cercato."

Con queste parole, Lara chiuse gli occhi e si concentrò. Sentì una calda sensazione avvolgerlo, come un abbraccio amorevole. Dentro di sé, vide una luce brillante, una scintilla di bellezza e saggezza che illuminava ogni angolo della sua anima. Realizzò che la sua ricerca non era solo per scoprire il segreto della foresta, ma per scoprire il segreto dentro di sé.

Quando aprì gli occhi, Lara si sentì trasformato. La foresta intorno a lui sembrava più viva e vibrante, e ogni cosa aveva un significato più profondo. Il sentiero dorato non era solo un cammino fisico, ma un viaggio di scoperta interiore che gli aveva permesso di vedere la bellezza e la saggezza del mondo in un modo nuovo.

L'Albero della Saggezza sorrise ancora e disse: "Ora che hai scoperto la luce dentro di te, usa questa saggezza per illuminare il cammino degli altri. Condividi il tuo dono con chiunque incontri e rendi il mondo un posto migliore."

Lara annuì, determinato a portare avanti questa missione. Tornò indietro lungo il sentiero dorato, ma questa volta il suo cuore era leggero e pieno di gioia. Ogni creatura che incontrava lungo il cammino percepiva il cambiamento in lui e si sentiva ispirata dalla sua presenza.

Quando Lara tornò al ruscello dove aveva iniziato il suo viaggio, la foresta sembrava accoglierlo con una nuova luce. Gli uccelli cantavano melodie più dolci, i fiori brillavano di colori più intensi, e il ruscello sussurrava storie di avventure passate e future. Lara sapeva che, sebbene la sua ricerca fosse finita, il suo viaggio era appena cominciato.

Diventò una guida per gli altri animali della foresta, raccontando loro del sentiero dorato e dell'Albero della Saggezza. Condivise con loro l'importanza di ascoltare il proprio cuore e di cercare la luce dentro di sé. Lara aiutò molti a scoprire la propria strada, a trovare il coraggio di esplorare e a credere nella bellezza che vive dentro ognuno di noi.

Con il passare del tempo, Lara creò una comunità di esploratori e sognatori, tutti uniti dal desiderio di scoprire e condividere la loro luce interiore. La foresta, un tempo solo un luogo di serenità e bellezza, divenne un centro di ispirazione e crescita personale. Ogni giorno, nuovi sentieri venivano scoperti, nuove storie venivano raccontate e nuove luci brillavano nella notte.

Lara continuò a camminare lungo il sentiero dorato, sempre aperto a nuove scoperte e a nuove lezioni. La sua vita era un continuo viaggio di apprendimento e condivisione, e ogni incontro era un'opportunità per crescere e ispirare gli altri. Il cerbiatto che aveva iniziato la sua ricerca come un curioso esploratore era ora un faro di saggezza e luce per tutti coloro che lo conoscevano.

E così, la storia di Lara e del sentiero dorato continuò a risplendere nella foresta, come una stella nel cielo notturno. La sua luce illuminava il cammino di molti, ricordando loro che la vera bellezza e saggezza risiedono dentro ognuno di noi, e che ogni passo che facciamo è un passo verso la scoperta del nostro vero sé.

The Fawn and the Golden Path

O nce upon a time, in a forest wrapped in mystery and beauty, lived a young fawn named Lara. Lara had large dark eyes full of curiosity and a coat speckled with white that made him look like a little piece of the starry sky. Every day, Lara explored the shaded paths of the forest, listening to the birds' songs and watching the sun's rays filtering through the leaves.

Despite the serenity of his surroundings, Lara felt an urge to seek something more, something he couldn't define. It was as if an inner voice whispered to him to go beyond, to discover the hidden secret of the forest.

One day, while wandering near a shimmering stream, Lara noticed a path he had never seen before. It was a golden path, covered with shiny leaves that glistened in the sunlight. Without hesitation, Lara decided to follow the path, driven by his innate curiosity and a sense of adventure.

The golden path wound through the trees, leading Lara to places in the forest he had never explored. Every step seemed to reveal a new secret: brightly colored flowers dancing in the wind, butterflies with transparent wings reflecting the light like tiny rainbows, and streams singing sweet melodies. Lara felt immersed in a magical world, where everything seemed to have a life of its own and a story to tell.

After a long walk, Lara arrived at an enchanted clearing, surrounded by tall and majestic trees. At the center of the clearing stood an ancient tree, with a trunk so large it seemed to embrace the sky. On its branches were thousands of small golden lights, like stars shining in the darkness of the night.

Fascinated by this sight, Lara approached the tree. He felt a warm and welcoming presence, as if the tree were inviting him to discover a secret. Suddenly, a gentle and melodious voice filled the air.

"Welcome, young Lara," said the voice. "I am the Tree of Wisdom, and you have found the golden path that leads to the truth. Your pure heart and curiosity have guided you here, where you can discover the secret of the forest."

Lara, with his heart pounding, asked, "What is the secret of the forest? What must I discover?"

The Tree of Wisdom smiled and replied, "The secret of the forest is not something that can be seen or touched. It is a truth that lives within every creature, an inner light that illuminates the path of life. Every leaf, every flower, every stream is part of this secret. And you, Lara, hold the key to understanding it."

Lara sat at the foot of the tree, listening attentively. The tree continued, "The golden path you followed symbolizes your inner quest. Every step you took brought you closer to the truth that resides within you. Look into your heart, young Lara, and you will find the light you have always sought."

With these words, Lara closed his eyes and focused. He felt a warm sensation envelop him, like a loving embrace. Inside himself, he saw a bright light, a spark of beauty and wisdom illuminating every corner of his soul. He realized that his quest was not only to discover the secret of the forest but to discover the secret within himself.

When he opened his eyes, Lara felt transformed. The forest around him seemed more alive and vibrant, and everything had a deeper meaning. The golden path was not just a physical journey but a journey of inner discovery that allowed him to see the world's beauty and wisdom in a new way.

The Tree of Wisdom smiled again and said, "Now that you have discovered the light within you, use this wisdom to illuminate the paths of others. Share your gift with everyone you meet and make the world a better place."

Lara nodded, determined to carry out this mission. He retraced his steps along the golden path, but this time his heart was light and full of joy. Every creature he met along the way sensed the change in him and felt inspired by his presence.

When Lara returned to the stream where his journey had begun, the forest seemed to welcome him with a new light. The birds sang sweeter melodies, the flowers shone with more intense colors, and the stream whispered stories of past and future adventures. Lara knew that although his quest was over, his journey had just begun.

He became a guide for the other animals in the forest, telling them about the golden path and the Tree of Wisdom. He shared with them the importance of listening to their hearts and seeking the light within themselves. Lara helped many find their way, find the courage to explore, and believe in the beauty that lives within each of us.

As time passed, Lara created a community of explorers and dreamers, all united by the desire to discover and share their inner light. The forest, once just a place of serenity and beauty, became a center of inspiration and personal growth. Every day, new paths were discovered, new stories were told, and new lights shone in the night.

Lara continued to walk along the golden path, always open to new discoveries and new lessons. His life was a continuous journey of learning and sharing, and every encounter was an opportunity to grow and inspire others. The fawn who had begun his quest as a curious explorer was now a beacon of wisdom and light for all who knew him.

And so, the story of Lara and the golden path continued to shine in the forest like a star in the night sky. His light illuminated the paths of many, reminding them that true beauty and wisdom reside within each of us and that every step we take is a step toward discovering our true selves.